T0150575

Patrones en la vacuidad
Comprendiendo el origen dependiente
en el bud ismo

Lama Jampa Thaye

Patrones en la vacuidad
Comprendiendo el origen dependiente en el budismo

Lama Jampa Thaye

RABSEL
PUBLICATIONS

Título original en inglés:
Patterns in Emptiness:
Understanding Dependent Origination in Buddhism.
Rabsel Publications, 2019

Traducción al español de Laura Rubio Díaz Leal, Dechen México, 2020.

Rabsel Publications
16, rue de Babylone
76430 La Remuée, France
www.rabsel.com
contact@rabsel.com

Contenido

Prefacio por Su Santidad el 17º Karmapa Trinley Thaye Dorje.........5

Introducción...7

Capítulo 1 - La importancia del origen dependiente 9

Capítulo 2 - Fenómenos internos y externos 21

Capítulo 3 - Los doce eslabones..29

Capítulo 4 - La perspectiva de Chittamatra...................................43

Capítulo 5 - La perspectiva Madhyamaka......................................49

Capítulo 6 - El origen dependiente en Vajrayana 65

Capítulo 7 - Patrones en la vacuidad 71

Apéndice - Nota sobre la estructura del darma...............................77

Notes 81

A mis Maestros

Prefacio por Su Santidad el 17º Karmapa Trinley Thaye Dorje

Me complace mucho escribir el prefacio de la última publicación de Lama Jampa Thaye, *Patrones en la vacuidad,* la cual trata muy hábilmente el tema del origen dependiente que está en el corazón de las enseñanazas de Buda y es central para una comprensión auténtica del Buda Dharma.

Hoy en día, en nuestra era, es muy raro encontrar maestros como Lama Jampa Thaye, que logren presentar enseñanzas del Dharma de Buda tan complejas de una forma tradicional y accesible a la vez. Esto no es una labor sencilla: por un lado, las enseñanzas de Buda deben presentarse fielmente, sin diluirlas ni transformarlas; y por el otro, las enseñanzas benefician a todos los que las comprenden, por lo que es central que sean accesibles.

Esto es un reto, ya que existe la tendencia en el inglés contemporáneo de simplificar ideas complejas con el fin de inspirar y generar entusiasmo en los lectores y hacer el contenido más fácil de usar. Por lo tanto, se requiere de una habilidad muy rara para utilizar los medios de la lengua inglesa para transmitir el tema del origen dependiente de una forma auténtica, y al mismo tiempo generar entusiasmo en los lectores, presentándolo de una manera bien estructurada y accesible. Lama Jampa destaca en este sentido.

Por esta razón, me complace mucho ver que nuevamente hay una obra de Lama Jampa Thaye que trata una de las ideas centrales del budismo.

Que los lectores disfruten y se beneficien de *Patrones en la vacuidad.*

Con oraciones,

Karmapa Trinley Thaye Dorje
Nueva Delhi
27 de julio de 2018.

Introducción

El presente trabajo aparece como parte de una serie de textos cortos introductorios sobre los temas principales de la filosofía budista. Está basado en el material de las enseñanzas que di en Dhagpo Kagyu Ling, Francia, en el verano de 2017. Después, Audrey Desserrières hizo una transcripción ligeramente editada de esas enseñanzas, sobre las cuales trabajé de regreso en Londres, entre otras tareas.

Dado el tema en cuestión, inevitablemente quizás, este libro es, de alguna forma, una breve introducción al budismo mismo, así como una revisión del origen dependiente. Esto parece apropiado debido a que las enseñanzas de Buda son, en su naturaleza interconectada, una manifestación de la dependencia que caracteriza a nuestro mundo.

La importancia de comprender el origen dependiente para aquellos que desean practicar el budismo difícilmente puede sobreestimarse. No es una exageración describir esta enseñanza como el antídoto al desorden de la forma en que pensamos sobre el mundo -un desorden que nos deja separados del mundo, atrapados por las emociones perturbadoras y nuestras proyecciones. Sin la compresión clara que viene de la atención que le demos a esta enseñanza, nuestros intentos de utilizar las técnicas de meditación, incluso los métodos de vajrayana, serán meramente ejercicios de fantasía y nuestra 'compasión' será meramente una genuflexión a las modas contemporáneas de sentimentalismos e ideologías.

Naturalmente, la presentación que se hace aquí del origen dependiente refleja las enseñanzas de mis propios maestros. Tuve la gran suerte de recibir la transmisión de los trabajos de extraordinarios pensadores de las tradiciones Sakya, Kagyu y Nyingma, cuyas palabras he citado en este texto para iluminar la enseñanza. Sin embargo, cualquier error que haya aquí es solo mío.

Finalmente, quisiera expresar mi agradecimiento a mi esposa Albena, a mi traductora Audrey y a mi editor Benjamin Lister por su asistencia con este trabajo.

Lama Jampa Thaye

Capítulo 1
La importancia del origen dependiente

Cada cultura – cada sistema de pensamiento – ofrece respuestas a las preguntas profundas sobre nuestra existencia: "¿Cuál es la fuente del sufrimiento? y ¿cuál es la fuente de la felicidad?" "¿Por qué son las cosas como son en el mundo?" ¿Cuál es la mejor manera de vivir nuestra vida?"

Algunos encuentran la respuesta en un Dios o en dioses; algunos dicen que hay un plan [maestro]; otros dicen que todo ha aparecido a través de la evolución física o al azar, y otros que no hay ninguna respuesta en lo absoluto. En la enseñanza de Buda, sin embargo, la respuesta se encuentra en el 'origen dependiente'.

El origen dependiente (sánscrito: *pratitya samutpada*) es una de las enseñanzas más importantes que dio Buda. Uno podría decir incluso que está en el centro de su enseñanza porque toca muchos otros aspectos de su doctrina como el karma, el renacimiento, el sufrimiento, la liberación y la compasión. De hecho, no es posible darles sentido a esas otras enseñanzas sin una compresión del origen dependiente. Igual de importante es el hecho de que el énfasis que pone Buda en el origen dependiente diferencia completamente a su tradición de todos los demás sistemas de pensamiento. Por lo tanto, en un contexto en el que el budismo es aún muy nuevo en Occidente, es vital que esta enseñanza ocupe un lugar central en la diseminación del darma.

El gran filósofo Jamgon Ju Mipham explica el significado del origen dependiente de la siguiente manera:

El origen dependiente significa que nada que pueda incluirse dentro de la categoría de fenómenos internos o externos se ha originado sin causa. Los fenómenos tampoco se han originado por una causa independiente, o sin causa, o por un creador permanente, ya sea una entidad, el tiempo o Dios. Al hecho de que los fenómenos se produzcan con base en la interdependencia de sus causas y condiciones respectivas se le llama 'origen dependiente'. Esta afirmación es el enfoque único de la enseñanza de Buda.[1]

A pesar de que parece un resumen un tanto técnico, sería un error pensar que la enseñanza del origen dependiente es solo una idea filosófica sobre el mundo, una teoría intrigante para entretenerse intelectualmente, pero sin consecuencias para nuestra vida y nuestra cultura. No obstante, al igual que todas las enseñanzas de Buda, el único objetivo de su enseñanza del origen dependiente es la eliminación del sufrimiento y producir felicidad.

Podemos empezar a comprender el papel especial de la enseñanza del origen dependiente cuando consideramos la relación del origen dependiente con las enseñanzas del primer discurso que dio Buda después de su iluminación. En un jardín cerca de Varanasi, los antiguos acompañantes de Buda -de los tiempos en los que buscaba la iluminación en las tradiciones antiguas de yoga de la India-, le preguntaron si podría explicarles el camino a la iluminación. En respuesta a su solicitud, les enseñó a sus entonces primeros cinco discípulos, la enseñanza que sería conocida como 'Las cuatro verdades nobles':

1. La verdad del sufrimiento
2. La verdad de las causas del sufrimiento
3. La verdad del cese de sufrimiento
4. La verdad del camino que es la causa para lograr esa cesación.

La forma en que estas cuatro verdades se relacionan entre sí enfatiza la importancia, en las enseñanzas de Buda, de la relación *dependiente* entre los resultados y sus causas. Buda explicó que la libertad del sufrimiento (a la que se refiere en la primera verdad noble) no puede producirse simplemente a través de la fe o apoyándose en alguna autoridad, sino solo mediante el descubrimiento de las causas que llevan al sufrimiento (la segunda verdad noble), y después descubriendo la forma en que uno puede lograr que esas causas lleguen a su fin (la tercera y cuarta verdades nobles). Para poder comprender estas cuatro verdades nobles es indispensable que comprendamos el origen dependiente.

Las raíces del sufrimiento descansan en nuestra compresión equivocada de la naturaleza del mundo. Es este malentendido del mundo el que actúa como el fundamento de todas las emociones perturbadoras que en el momento presente dominan nuestra mente, y son ellas las que nos llevan a buscar la felicidad. Pero, contrariamente a lo que esperamos, la forma en que lo hacemos solo produce sufrimiento.

En nuestro estado presente, nos privamos de felicidad y nos confronta constantemente la decepción, la desilusión y la desdicha. Este estado se origina en dependencia de nuestra ignorancia sobre la naturaleza de las cosas. Por 'ignorancia' nos referimos -en su forma más simple- a nuestra concepción equivocada de permanencia, felicidad, del ser, y pureza de los fenómenos que en realidad son impermanentes, [generan] sufrimiento, carecen de un 'yo' y son impuros. En su forma más sutil, es nuestro aferramiento a la realidad como una que posee características mediante las cuales puede ser poseída por la mente dualista. Esa ignorancia, tanto en su forma burda como en la sutil, ocasiona que nos embarquemos en una lucha sin sentido con el mundo para tratar de obtener de él lo que no puede darnos.

Por lo tanto, el sufrimiento que experimentamos en el ciclo de nacimiento y muerte (sánscrito: *samsara*) no se produce por un accidente fortuito o por procesos químicos del mundo físico, o porque una entidad externa nos lo está infligiendo para castigarnos. La fuente inmediata de nuestro sufrimiento son nuestras acciones erróneas, las cuales nos llevan a un conflicto constante con un mundo al que no podemos controlar a nuestra voluntad. Nadie nos fuerza a llevar a cabo esas acciones y tampoco ocurren accidentalmente. Por el contrario, las emociones perturbadoras de deseo, odio, ignorancia, y así sucesivamente son las que las provocan; a su vez, éstas aparecen como consecuencia de nuestras concepciones equivocadas básicas sobre la naturaleza del mundo. Así es la genealogía del sufrimiento.

De esta forma, las emociones perturbadoras tampoco son algo que nos ataca del exterior como una enfermedad; sino que han aparecido en dependencia de nuestra ignorancia sobre la naturaleza del mundo. El sufrimiento, las acciones y las emociones perturbadoras son todos fenómenos dependientes. Todas estas cosas son parte de una cadena de causalidad que debemos comprender si deseamos liberarnos de estas emociones perturbadoras.

Si así es como el samsara, -el mundo del sufrimiento- aparece, entonces podríamos preguntarnos: "¿Cómo es que el nirvana, la cesación del sufrimiento, aparece?"

Igual que el samsara, el nirvana no ocurre al azar, y tampoco es algo que se nos impone desde afuera. Azar significaría que no tenemos el poder de llevar a cabo ningún cambio, inclusive ponerle fin al sufrimiento. Asimismo, si las cosas fueran determinadas por Dios también seríamos impotentes, ya que todo sería determinado por él. El nirvana en su propia naturaleza no está condicionado, pero su constatación es también un fenómeno dependiente en la medida en que depende de nuestra práctica del camino triple de ética, meditación y sabiduría. Solo a través de este camino podemos eliminar las emociones perturbadoras y la ignorancia, es decir, las causas del samsara. Por ello, la clave para alcanzar el nirvana está en nuestras manos, si entendemos que el origen dependiente es el medio para eliminar las emociones perturbadoras y la ignorancia.

En breve, no tenemos que buscar un agente externo o a Dios para que nos libere del samsara (el ciclo del sufrimiento) o nos lleve al nirvana (libertad del sufrimiento). Ningún agente externo – un dios o el diablo – ha creado el samsara o el nirvana. Su origen se encuentra exclusivamente en dependencia de las causas que acabamos de delinear.

Reconociendo la gran importancia del origen dependiente, el gran maestro indio Nagarjuna, dice:

> Quien pueda ver a la perfección
> Esta manifestación del origen dependiente, el preciado
>   y profundo tesoro de las enseñanzas del Conquistador
> Conoce la realidad tal como lo hace Buda.[2]

En términos filosóficos, comprender el origen dependiente nos asegura que no caigamos en 'visiones extremas' – visiones que proyectan una compresión desordenada al mundo. Como Buda señaló, un extremo es representado por el grupo que sostiene puntos de vista 'eternalistas', que son nociones del mundo que afirman la existencia de entidades que no cambian y no cesan. Estos puntos de vista son característicos de las religiones teístas. Buda enseñó que el otro extremo es representado por un conjunto de ideas que uno podría llamar 'nihilistas', las cuales proponen que no hay relación entre acciones y sus resultados y que no hay vidas pasadas ni futuras. Versiones modernas y antiguas del materialismo pertenecen a este grupo.

Seguidores de estos puntos de vista extremos carecen de cualquier conocimiento sobre el origen dependiente y, por tanto, exageran sus observaciones incompletas sobre el mundo y las convierten en absolutos. Los 'eternalistas' exageran el elemento de continuidad que existe entre el pasado, el presente y el futuro, y lo transforman en un absoluto inmutable y así, elaboran teorías como la existencia de un dios inmutable, almas inmortales, 'yos' permanentes, y así sucesivamente. En el otro extremo, los 'anhilacionistas' exageran la impermanencia y la convierten en una negación absoluta de cualquier continuidad; como consecuencia, niegan el karma y el renacimiento.

En contraste, la visión de Buda, la visión del Camino Medio trasciende los dos extremos reduccionistas, al afirmar que todas las cosas aparecen solamente como resultado del origen dependiente. De esta forma, da una respuesta a los callejones sin salida filosóficos del eternalismo y del materialismo – callejones sin salida, porque la liberación final del sufrimiento es imposible de lograrse a través de ellos. Al mismo tiempo, a pesar de que su significado es muy profundo y es liberador cuando realmente se le comprende; esta visión está de acuerdo con la forma en como el mundo es en realidad: que causas y condiciones interactúan continuamente, y de esta forma producen resultados. Actualmente estamos intoxicados con ideologías, pero el origen dependiente solo describe al mundo en el que vivimos tal cual es, en vez del mundo que nos imaginamos en nuestra intoxicación. El mundo real es, en sí mismo, la evidencia más elocuente del origen dependiente. El proceso de interacción - el sello, por así decirlo del origen dependiente – significa que siempre hay una ración de continuidad entre el pasado, el presente y el futuro; pero, al mismo tiempo, también hay constante cambio, nada se reduplica o se mantiene estático.

Reconocer el origen dependiente nos permite ver el mundo tal cual es: como un proceso que esta fluyendo constantemente. Nada permanece igual, pero ninguna entidad nueva aparece nunca al azar. Todo lo que aparece es parte de un flujo de origen dependiente.

En otras palabras, lo que sea que aparezca, lo hace dependiendo de causas y condiciones. Todos y cada uno de los fenómenos que aparecen están supeditados [a otros]. Nada permanece aislado, nada existe por sí mismo o para sí mismo, sino que aparece dependiendo de la interacción de causas y condiciones; dependiendo también del ensamblaje de partes y de la mera imputación.

Ahora, nuestra visión del mundo ha sido moldeada por incontables vidas pasadas de percepciones equivocadas, y estamos aún lejos de intuir el origen dependiente. Por el contrario, imaginamos que el mundo se compone completamente de entidades sólidas, independientes y discretas; de las cuales, nuestro 'yo' personal es la entidad más preciada, sólida y diferente de todas. Por ello, nos vemos a nosotros mismos como individuos únicos, con una existencia completamente encerrada en sí misma, apoyándose en nada más que en sí misma. Imaginamos de esta forma que nuestra identidad es la de un 'yo' singular, autónomo y permanente. Miramos al mundo de afuera, a aparentes fenómenos externos, ya sea seres sintientes o cosas inanimadas, y las vemos de la misma forma como fenómenos separados, autosuficientes, que existen por sí mismos, cada uno existiendo en sus propios espacios separados de los demás. Es como si el mundo estuviera hecho de una multiplicidad de cajas individuales – unas marcadas 'yo' y otras marcadas 'cosas'.

Trágicamente, esta negación de la naturaleza interdependiente de los fenómenos tiene consecuencias muy graves. Como resultado de imaginar que nuestro 'yo' personal está auto contenido, es autosuficiente, y es una entidad independiente, experimentamos miedo, soledad y aislamiento. Algunas veces esto se disfraza y otras veces es más obvio. A pesar de todo, por mucho que lo intentemos, no podemos convencernos a nosotros mismos de que verdaderamente poseemos tal identidad sólida. Por lo tanto, cuando miramos con ansiedad al mundo, donde percibimos todas esas entidades aparentemente auto-existentes de personas y cosas, nos sentimos obligados a fortalecer nuestro sentido de seguridad. Buscamos aferrarnos y apropiarnos de cosas que parecen atractivas y que, por tanto, prometen reforzar nuestra frágil identidad. Al mismo tiempo, experimentamos miedo frente a la otra parte del mundo que no parece ofrecernos esa seguridad, sino que representa un desafío desestabilizador. De esta forma, la emoción de odio aparece y nos impulsa a atacar y eliminar todo aquello que parece amenazarnos.

Estimulados por estas emociones perturbadoras, intentamos controlar al mundo, tomar de él aquello que imaginamos nos hará sentir seguros, y negamos y destruimos aquello que nos hace sentirnos temerosos. Por consiguiente, nuestras acciones (conocidas en sánscrito como 'karma') son impulsadas por nuestras emociones perturbadoras. Pero mientras nos peleamos con el mundo de esta forma, nos encontramos una y otra vez con decepciones, frustraciones y dolor, ya que ninguna de esas entidades que nos apropiamos o destruimos nos hace sentir seguros porque ninguna de ellas tiene la característica de independencia y permanencia que le hemos proyectado. De hecho, todas son fenómenos que aparecen de manera dependiente, son parte de un proceso temporal y de una red de circunstancias que interactúan entre sí. Su existencia está supeditada, y deriva del nexo de causas y condiciones de las cuales emergieron.

Como consecuencia, aunque lo intentáramos concienzudamente, nunca podríamos tener éxito en abstraer algo del mundo en la forma que sería posible si aquello que deseamos tuviera verdadera existencia. Cualquier cosa que perseguimos es parte de una red interconexiones. Nuestros intentos de aferrarnos a cosas con el fin de generarnos un sentido seguridad son tan inútiles como tratar de construir algo sólido de un río: una corriente de agua es solamente un proceso y, por tanto, no podemos construir nada estable o inmutable de él. Así es nuestra lucha con el mundo, como la de Sísifo arrastrando cuesta arriba una piedra solo para verla rodar hacia abajo otra vez. Esta lucha es la raíz de nuestra tragedia y de nuestro sufrimiento. El único camino a la felicidad y a la libertad del sufrimiento es comprender el origen dependiente. Solo esta comprensión será capaz de ponerle fin a nuestro aferramiento a la solidez ilusoria que nos imaginamos tontamente que existe en el mundo.

La enseñanza del origen dependiente es tan profunda y sutil que Buda mismo la presentó de numerosas formas para ajustarse a los diferentes niveles de comprensión de sus seguidores. Para ayudarnos a distinguir las diferentes presentaciones, las enseñanzas de Buda se pueden agrupar en dos categorías: las enseñanzas presentadas desde la perspectiva de la 'verdad convencional' y aquellas presentadas desde la perspectiva de la 'verdad última'. Como se verá más adelante, el origen dependiente trastoca las dos verdades; no obstante, es importante comprender la diferencia entre las dos.

'La verdad convencional', de acuerdo con maestros como Sakya Pandita (1182-1250), denota cómo los fenómenos se manifiestan a una mente que no analiza su estatus y, por tanto, asume que existen. La 'verdad última' se refiere a la no-existencia de esas entidades aparentes, - la cual solo puede descubrirse mediante el análisis de su naturaleza. En breve, uno podría, por tanto, decir que la aparición de cosas es verdad convencional. La falta de verdadera existencia, o su vacuidad, es la verdad última.

El origen dependiente demuestra cómo surgen las apariciones de eso que llamamos 'el mundo'. Explica de esta forma la verdad convencional aparente de las cosas. Al mismo tiempo, demuestra que aquellas entidades aparentes carecen de verdadera existencia, justamente porque son dependientes. El origen dependiente es entonces la clave para comprender tanto la verdad última como la verdad convencional. Esta relación del origen dependiente con las dos verdades será el foco de atención del capítulo 5 en donde consideramos el punto de vista de Madhyamaka.

Capítulo 2
Fenómenos internos y externos

La enseñanza de Buda de que todos los fenómenos se originan en dependencia [de otros] la distingue de todos los demás sistemas de pensamiento. El sistema de Buda, con su énfasis en el origen dependiente, niega la necesidad de cualquier dios supremo creador y a cargo del mundo y de los destinos de los seres. Según Buda, todos los fenómenos surgen simplemente a través de un conjunto de causas y condiciones. Por tanto, no hay un agente independiente que haya creado el mundo o que pueda interferir con él después, si éste deja de funcionar o necesita ajustes.

La enseñanza del origen dependiente tiene implicaciones radicales para la forma en que debemos comportarnos en el mundo; justamente porque todo surge a través del origen dependiente, siempre hay una conexión entre las causas y los resultados. Acciones virtuosas dan resultados positivos y acciones no virtuosas llevan al sufrimiento. Sistemas de pensamiento que alguna vez se apoyaron en nociones de Dios para comportarse moralmente, al final eliminan a Dios y dan un giro brusco hacia el nihilismo moral. Seguidores de estos sistemas eventualmente tienden a concluir que, si al final no hay un Dios, no tiene ningún sentido comportarse moralmente. En contraste, las enseñanzas de Buda nos explican que debido a que todo surge a través del origen dependiente, las acciones tienen consecuencias. Por lo tanto, a pesar de no ser teísta, las enseñanzas de Buda defienden la importancia de una vida ética. Ésta es una de las características que las hacen tan revolucionarias y una fuente inmensa de sabiduría sobre la necesidad de [tener] un comportamiento ético en nuestros tiempos modernos; particularmente, cuando con tanta frecuencia no parecen estar tan claras las razones por las que debemos comportarnos así, y menos aún lo que significa comportarse moralmente.

El origen dependiente externo

Podemos ver el juego del origen dependiente tanto en fenómenos internos como externos. El término 'fenómenos externos' usado en este contexto, básicamente significa aquello que está encarnado; es decir, que posee naturaleza material y, por ende, no sintiente. En el análisis de Buda del mundo de los 'fenómenos condicionados', contenido en el abhidharma, los fenómenos materiales se agrupan bajo el encabezado de 'agregados' (sánscrito: *skandha*) de 'forma' (sánscrito: *rupa*). Estos fenómenos físicos, junto con los agregados mentales inmateriales de 'sensación', 'percepción', 'formaciones' y 'conciencia', comprenden los 'cinco agregados', -la totalidad de los fenómenos condicionados. Aquí, el término 'condicionado' se refiere a fenómenos cuya existencia es interdependiente, y que son, por consiguiente, sujetos a la transitoriedad.

La decisión de Buda de usar el término 'agregado' en sus explicaciones sobre los fenómenos que forman parte del mundo condicionado, refleja en sí mismo su máxima central de que todo surge interdependientemente. En otras palabras, lo que pueden parecernos entidades substanciales, en realidad son solo agregados o compuestos: la agrupación de cosas [formadas] de muchas partes. No hay nada que sea simplemente como imaginamos que es, una entidad singular que existe por sí misma.

Este agregado de forma física es en sí mismo solo la suma de fenómenos que se juntan momentáneamente y después se separan. En total, comprende los elementos básicos de tierra (solidez), agua (fluidez), fuego (temperatura) y aire (motilidad), y los sentidos y sus objetos; los cuales, con la excepción de objetos mentales tales como imágenes de sueños, formas meditativas y la 'substancia' de los votos, derivan de esos elementos de esencia parecida.

Cuando examinamos el agregado de *forma* con más cuidado, podemos ver que todos los objetos materiales surgen de la interacción de causas y condiciones. Por ejemplo, una flor solo puede nacer de la interacción de su causa principal - la semilla-, con las condiciones apropiadas -de tierra, agua, luz del sol, y así sucesivamente. De esa interacción de causas y condiciones se origina dependientemente el fenómeno que llamamos 'flor'.

Este proceso no necesita un agente externo para dirigirlo; ningún acto volitivo ha determinado que debe ocurrir. Para continuar con el ejemplo de la semilla, la semilla misma no tiene la determinación de convertirse en flor. No obstante, cuando interactúa con las condiciones apropiadas, se manifiesta una flor. La semilla no tuvo el pensamiento: "debo convertirme en flor", y tampoco un agente externo tuvo esa intención. Es un proceso natural. También debemos comprender que la semilla por sí misma no tiene el poder de crear la flor. Una causa solitaria sin la asistencia adecuada no puede crear nada.

De estas explicaciones, deberíamos poder percibir ya el origen dependiente más claramente. La afirmación de que las cosas se originan dependientemente no implica que una cosa en particular sea la causa de un resultado en particular. En cambio, sí quiere decir que los fenómenos se originan de la interacción de causas y condiciones. Si tan solo faltara una de estas causas y condiciones, el resultante fenómeno no ocurriría

Este análisis de causación es radicalmente opuesto al análisis invocado por los teístas que argumentan que, debido a que hay un mundo, debe haber, por tanto, un creador. Una causa solitaria no puede producir un efecto único. Todos los efectos se dan en dependencia de la interacción de causas y condiciones. Este hecho hace nuestro análisis de causa y efecto mucho más sutil de lo que sería de otra manera. Con este entendimiento, somos mucho más cautelosos en determinar la causa del algo más, ya que no podemos señalar una sola causa como la que produce un efecto específico.

Esta perspectiva del origen dependiente es similar a la forma en como la gente tiende a pensar y actuar en cuestiones prácticas. Si consideramos el ejemplo de un campesino que tiene gran conocimiento sobre la agricultura, es evidente que está consciente de que determinada cosecha solo se da de la interacción de causas y condiciones. Su sustento depende de ese conocimiento.

Él sabe que la sola posesión de semillas de centeno, sin las otras condiciones necesarias, no le garantizarán una cosecha de centeno. La semilla de centeno debe interactuar con las condiciones secundarias de buena tierra, agua, luz del sol, etc. Esta 'visión de sentido común', por así decirlo, del campesino va conforme al origen dependiente.

El ejemplo de la semilla nos muestra que la comprensión del origen dependiente hace nuestro sentido del mundo más ordenado y muy pragmático. No necesitamos inventar entidades imaginarias como dioses para dirigir las cosas y hacer que el mundo funcione. Así, empezamos a ver que las cosas se originan como resultado de una multiplicidad de causas y condiciones que se juntan: [no gracias a] entidades externas o al azar. Podríamos decir que la visión del origen dependiente es entonces como una navaja que elimina el uso de entidades innecesarias para explicar cómo funciona el mundo.

El origen dependiente interno

Hasta este momento nos hemos enfocado en la descripción del origen dependiente externo. El término 'origen dependiente interno' se refiere a fenómenos mentales o internos, los cuales junto con varios factores 'no relacionados' tales como la adquisición o secuencia que forman parte del cuarto agregado, son representados por los agregados de sensaciones, percepciones, formaciones y conciencia.

Según Buda, la evolución de fenómenos como la felicidad y el sufrimiento, y aún nuestra continuidad en el ciclo del nacimiento y de la muerte, puede rastrearse a los doce eslabones originados dependientemente (sánscrito: *nidana*) del origen dependiente interno, que son los siguientes:

1. La ignorancia
2. Las formaciones kármicas
3. La conciencia
4. El nombre y la forma
5. Las seis bases sensoriales
6. El contacto
7. La sensación
8. El deseo
9. El aferramiento
10. La existencia
11. El nacimiento
12. La vejez y la muerte

De la misma forma en que los fenómenos externos surgen y decaen sin la intervención de ningún creador o agente, los doce eslabones que comprenden nuestra experiencia del ciclo de nacimiento y muerte han surgido sin un creador externo. Por lo tanto, su cesación (en la experiencia de nirvana) tampoco dependerá de un agente externo -como un ser divino-, sino simplemente de nuestro desarrollo de la sabiduría que ve las cosas como son en realidad y entonces rompe con la ficción que apoya al samsara.

Como se explicó en el capítulo 1, el ciclo de los doce eslabones del origen dependiente surge de la incomprensión de la naturaleza de la realidad. Esta incomprensión es conocida como la 'obscuración de la cognición', la cual junto con la 'obscuración de las emociones perturbadoras', constituyen los dos velos u obscuraciones que nos impiden alcanzar la budeidad.

La obscuración de la cognición es, en esencia, la percepción dualista de que la verdadera naturaleza de la realidad puede reducirse a [fenómenos con] existencia o sin existencia. Sin embargo, la verdadera naturaleza está más allá de toda elaboración conceptual y designación; por tanto, no puede ser ubicada en ninguno de los extremos [de existencia y no existencia]. En otras palabras, la obscuración de la cognición consiste en el error dualista fundamental que hacemos del mundo. Es este error el que subyace al desarrollo de las emociones perturbadoras, acciones y sufrimiento y que juntos forman los doce eslabones.

Como dice Gorampa Sonam Sengge al definir y distinguir las dos obscuraciones:

> Parece que tanto el protector Maitreya como el maestro Nagarjuna tienen la misma comprensión al aceptar que la aprehensión de los fenómenos como si existieran verdaderamente es una obscuración cognitiva.[3]

Y:

> A pesar de que la aprehensión de la 'verdadera existencia' que imagina la verdadera existencia es una obscuración cognitiva, fue descrita por Aryadeva como la semilla del samsara porque genera ignorancia, uno de los doce eslabones.[4]

En otras palabras, se debe hacer una diferenciación entre (i) la ignorancia sutil que constituye la obscuración cognitiva y (ii) la ignorancia que es parte de la obscuración de las emociones perturbadoras. La primera es la causa de los doce eslabones mismos. La segunda es solamente el primero de los doce eslabones. En cualquier caso, hasta que las obscuraciones producidas por las emociones perturbadoras y la obscuración cognitiva sean disueltas por la sabiduría primordial, la rueda de los doce eslabones seguirá girando, descansando, como lo hace, sobre la base de la más sutil obscuración misma.

Capítulo 3
Los doce eslabones

La sucesión de los doce eslabones del origen dependiente se parece al giro de una rueda: cada eslabón es la condición necesaria para que se de el siguiente. A pesar de que los eslabones parecen empezar con el de la ignorancia, el décimo segundo eslabón del origen dependiente (vejez y muerte) es de hecho, también una condición necesaria para el surgimiento de la ignorancia (el primer eslabón). Por esta razón pareciera que hay un elemento que se repite constantemente en nuestra experiencia. Pero no debemos confundir este elemento repetitivo con un tipo de noción del 'eterno regreso' en el que las cosas son siempre idénticas una y otra vez. No obstante, hay cierta circularidad a experimentarse en el samsara. Mientras atravesamos estos ciclos en los que cada uno de los eslabones se suceden en secuencia, nos ocurren tipos similares de experiencias, y cada ciclo actúa como la base del siguiente. En el ciclo de nacimientos y muertes, estamos por tanto amarrados a una rueda conformada por los doce eslabones.

En su manifestación más obvia, los doce eslabones del origen dependiente se llevan a cabo en el transcurso de tres vidas: la vida precedente, la presente y la futura. Como dice Jamgon Ju Mipham:

> En las enseñanzas se dice que si uno examina cuántas vidas lleva completar un ciclo de los doce eslabones, se puede ver que éste se completa en las tres vidas del pasado, presente y futuro.[5]

Sin embargo, además de este periodo, los doce eslabones pueden completarse en un muy breve periodo de tiempo. Nuevamente, como establece Jamgon Ju Mipham:

> Hay una forma en la que los doce eslabones son contenidos justo en el momento de completar un acto.[6]

No hay contradicción aquí: es solo la comprensión de que ciclos más cortos operan dentro de ciclos más largos – tales como muchos ciclos de un día, una semana, una hora, o hasta un momento, que operan en ciclos más largos como una vida, tres vidas o más.

Con este entendimiento de estos marcos temporales complementarios pero diferentes, debemos examinar los eslabones de manera individual.

i. La ignorancia

La ignorancia, como el primer eslabón, es la emoción perturbadora que le atribuye un yo –permanente, singular y autónomo– a uno o más de los agregados. De hecho, cuando examinamos los agregados uno por uno, o como un todo, encontramos que son múltiples, impermanentes, impuros y carentes de un yo. Podríamos objetar que, si esto correcto, entonces la ignorancia sería algo que solo un filósofo capaz de articular tales conceptos como el 'yo' podría sufrir. Pero no nos estamos refiriendo solamente a la descripción de conceptos: es un apego emocional con profundas raíces que poseemos, independientemente de que podamos articularlo o explicarlo. Todos los seres sintientes, excepto los budas, manifiestan esta ignorancia porque se aferran al sentido del yo. No tenemos que poder expresarlo en términos filosóficos, mientras tengamos el apego emocional a la noción de 'yo' o 'mío' nos afligimos por esta forma de ignorancia.

2. Las formaciones kármicas

Como se dice: 'Con base en la ignorancia, surgen las formaciones kármicas'.

Debido a esta ignorancia que se aferra al mero 'yo', nuestra perspectiva básica es inevitablemente auto-centrada. Por consiguiente, nos lleva a defender y engrandecer este yo en todo momento. De tal forma, se establece la base de nuestro comportamiento en el mundo a través de nuestro cuerpo, nuestra palabra y nuestra mente. Nuestras acciones, condicionadas por la ignorancia se convierten en hábitos, los cuales, a su vez, influencian la forma en como nos relacionamos con el mundo. Entonces, estos patrones o formaciones kármicas nos impulsan.

3. La conciencia

Como se dice: 'Con base en las formaciones kármicas surge la conciencia'.

Estos eslabones evolucionan a lo largo de varias vidas. Los primeros dos eslabones -la ignorancia y las formaciones kármicas- se relacionan con la vida anterior. En la etapa del eslabón de la conciencia la nueva vida está a punto de comenzar.

¿A qué se refiere la afirmación: 'Con base en las formaciones kármicas surge la conciencia'? La respuesta es que las acciones que hemos llevado a cabo determinan nuestras actitudes. Estas acciones crean huellas que viajan en el continuo mental y contaminan kármicamente nuestra conciencia, la cual, a su vez actuará como la base de los eslabones subsiguientes.

Esta conciencia es entonces una conciencia impulsada, impulsada por las contaminaciones kármicas y la ignorancia, la base de esas formaciones kármicas. Esos dos eslabones precedentes causan que el vínculo de la conciencia sea impulsado al renacimiento.

El tercer eslabón vincula de esta manera la vida pasada con la presente. No obstante, no es una vida que escoge libremente [a donde ir], ya que, como se ha explicado, la conciencia es impulsada por las formaciones kármicas. Tampoco es el caso que haya un agente externo como un Dios que le ordena al eslabón de la conciencia: '¡Debes ir allí!'; ni es el caso tampoco de una conciencia que de repente aparece de la nada. Asimismo, tampoco se trata de una conciencia que sea como una 'pizarra en blanco' carente de contenido, puesto que está contaminada por las formaciones kármicas y la ignorancia.

4. El nombre y la forma

Con respecto al cuarto eslabón, se dice: 'Con base en la conciencia hay nombre y forma'. Nombre y forma es simplemente otra forma de designar los cinco agregados, que no son otra cosa sino la base física y mental sobre la que uno proyectará la noción de un 'yo'. El 'nombre' designa los cuatro agregados mentales: las sensaciones, las percepciones, las formaciones y la conciencia. 'La forma' es el primer agregado.

Estos dos eslabones de la 'conciencia' y el 'nombre y la 'forma' representan el momento coyuntural en el que se da la interacción entre los fenómenos internos y externos. Específicamente, la conciencia, ahora impulsada por las formaciones kármicas y la ignorancia entra al mundo físico. En el caso de un nacimiento humano, la conciencia entra a una vida humana, mezclándose con los elementos masculino y femenino de los padres en el momento de la concepción, y así el 'nombre' y la 'forma' se juntan.

Por consiguiente, el proceso 'nombre' y 'forma' es, en realidad, dos procesos del origen dependiente interactuando. El primer proceso es la conciencia que entra al mundo físico del estado intermedio entre la muerte y el renacimiento, y que se origina interdependientemente de los eslabones precedentes de la ignorancia y las formaciones kármicas. El segundo proceso es la forma física que se origina interdependientemente de las gotas masculina y femenina. Debemos notar que los elementos físicos masculino y femenino que están presentes en el momento de la concepción no constituyen las conexiones necesarias dependientes para que la conciencia ('nombre') que las junta cree 'nombre' y 'forma', porque los elementos físicos ('forma') son solamente materia y no poseen sintiencia. En otras palabras, la parte de la conciencia del 'nombre' y 'forma' solo puede surgir en dependencia del momento previo de conciencia, el del 'estado intermedio'.

Nombre y forma, como el tercer eslabón (la conciencia) y las seis bases sensoriales (el quinto eslabón), el contacto (el sexto eslabón), las sensaciones (séptimo eslabón), el nacimiento (décimo primero eslabón) y la vejez y la muerte (décimo segundo eslabón) pertenece al grupo de eslabones conocido colectivamente como 'sufrimiento'. La ignorancia (el primer eslabón), el deseo y el aferramiento (octavo y noveno eslabones) forman parte del grupo de las 'emociones perturbadoras'. Las formaciones kármicas (el segundo eslabón) y la existencia (décimo eslabón) constituyen el grupo del 'karma', porque son acciones creativas. Los eslabones que encarnan el sufrimiento son, en un sentido, resultado de la influencia de las emociones perturbadoras y del karma.

Para ser más precisos sobre este cuarto eslabón, bajo la influencia de las formaciones kármicas que han impulsado a la conciencia, la conciencia de un ser en el estado intermedio, es decir, el periodo entre una vida y la próxima, será atraída a padres kármicamente apropiados. Aquellos que debido a un condicionamiento kármico serán genéticamente hombres serán atraídos al elemento femenino representado por la madre y sentirán repulsión hacia el elemento masculino representado por el padre, y viceversa. De nuevo, esto nos muestra cómo el eslabón 'nombre' y 'forma' mismo es un fenómeno que se originó dependientemente.

Las contaminaciones kármicas que impulsan a la conciencia también son una causa de que esa conciencia se vincule con el mundo apropiado dentro de los seis reinos. Si huellas kármicas virtuosas están madurando en ese momento, la conciencia será atraída al reino humano y, por tanto, será concebidacomo un ser humano.

5. Las seis bases sensoriales

Como se dice: 'Con base en el nombre y la forma surgen las bases de los sentidos'.

En la medida en que el nuevo ser madura en el vientre, las facultades sensoriales mediante las cuales la conciencia contempla el aparente mundo externo, empiezan a desarrollarse. Estos seis sentidos pueden ser descritos como las 'seis ventanas viendo al mundo': un mundo inicialmente restringido al interior del cuerpo de la madre y después del nacimiento, comprende todo lo externo.

6. El contacto

Como se dice: 'Con base en los seis sentidos surge el contacto'.

El contacto es el eslabón que denota la unión de los sentidos de percepción con el aparente mundo externo.

7. Las sensaciones

Como se dice: 'Con base en el contacto surge el eslabón de las sensaciones'.

La conciencia aprehende las cosas mediante las puertas de los seis sentidos, y está influenciada kármicamente a preferir algunas experiencias mientras que rechaza otras. Por esta razón los eslabones empezando por la conciencia hasta las sensaciones se consideran los eslabones 'resultantes'. Por consiguiente, cuando la mente que percibe se encuentra con el mundo externo, le asigna tres diferentes categorías: aquellas cosas que le parecen placenteras, aquellas que le parecen desagradables, y aquellas que le son indiferentes.

8. El deseo

Como se dice: 'Con base en las sensaciones surge el deseo'.

El 'deseo', en este contexto, es el anhelo de repetir una experiencia placentera que surgió del 'contacto', o de igual forma, de la determinación de evitar una experiencia desagradable. Podríamos decir que en este eslabón la conciencia perceptora se está involucrando más con sus objetos [de aprehensión], y al mismo tiempo es definida cada vez más por ellos.

9. El aferramiento

Como se dice: 'Con base en el deseo surge el aferramiento'.

El aferramiento es la intensificación de la reacción al mundo que se estaba manifestando con el deseo. Es la formación de un tipo de fijación o dependencia, de tal forma que ahora somos impulsados por una fuerte compulsión de poseer el objeto.

10. La existencia

Como se dice: 'Con base en el aferramiento surge la existencia'.

En el eslabón de la existencia nos estamos moviendo hacia la vida futura. Al menos que sea interrumpido, el aferramiento del eslabón precedente crea una forma habitual de responder al mundo. Este conjunto de hábitos, a su vez, define el tipo de persona que seremos y por ello el eslabón se denomina 'existencia'. Es precisamente este desarrollo de un sentido muy profundo de solidez, el que nos empujará a la próxima vida.

Así, a partir de los eslabones de las sensaciones hasta el de existencia se delinean las etapas en el proceso de formación de lo que podría describirse como 'identidad'. Debido a los hábitos del pasado, respondemos a ciertas experiencias en formas particulares. Si esas experiencias –tales como la experiencia de placer de cierto tipo de objeto– son muy fuertes, empezamos a depender de ellos; los buscamos y construimos nuestras actividades y nuestras vidas en torno a ellos. Gradualmente, empezamos a ser moldeados por esos objetos y las experiencias [que nos producen]. Nuestra identidad, tal como es representada por el eslabón de la existencia, es un fenómeno originado interdependientemente.

Por cierto, debemos darnos cuenta de que hay casi un ilimitado número de objetos, tanto mentales como físicos, en torno a los cuales podemos desarrollar una identidad. De este modo, además de preferencias físicas ordinarias hacia objetos físicos particulares o personas, también pueden ser gustos estéticos, opiniones intelectuales o convicciones ideológicas, que se desarrollan dependiendo de nuestras respuestas y nuestros hábitos, los cuales nos producen que desarrollemos una identidad y puntos de vista del mundo. Con el tiempo, sentimos que ambos tienen una realidad objetiva; sin embargo, han surgido en dependencia de un movimiento repetido de la rueda de los doce eslabones.

Para el momento en que llegamos al eslabón de la 'existencia', sentimos cierta solidez en nuestra identidad y nuestros puntos de vista, de tal forma que podríamos pensar: '¡Soy lo que soy, y ya está!', '¡sé que soy real!', '¡me siento real!' '¡No importa cómo quieras llamarlo, no hay duda alguna sobre lo que soy!' '¡Así funciona el mundo, así soy yo!' Es un sentimiento pesado, sólido. Puede estar relacionado con nuestra posición ideológica; o con la forma en como nos relacionamos con el placer sensorial. Todos estos hábitos han sido construidos a tal punto que a través de todo el proceso se sienten inevitables y sólidos.

De esta forma, los eslabones avanzan como una inundación, cada eslabón dándole vida al siguiente, el cual, a su vez, le da vida al que sigue, y así indefinidamente; ocurre tan rápido que no nos damos cuenta del proceso.

11. El Nacimiento

Como se dice: 'Con base en la existencia, se da el nacimiento'. El nacimiento se refiere al momento en que se da la siguiente vida. Por supuesto, cómo aparecemos en la próxima vida es impulsado/definido por aquello en lo que nos hemos convertido mediante la secuencia de los eslabones precedentes.

12. La vejez y la muerte

Como se dice: 'Con base en el nacimiento, surgen el envejecimiento, la enfermedad, la muerte, el dolor -en breve, el sufrimiento'. Lo que sigue inevitablemente de haber entrado de nuevo la encarnación mediante el proceso de concepción y nacimiento es 'la vejez, la enfermedad y la muerte', los cuales, junto con el nacimiento mismo, son conocidos como 'los cuatro ríos del sufrimiento'.

Además de la inescapable consecuencia de ser impulsado hacia el renacimiento nuevamente, debemos experimentar los múltiples sufrimientos de la separación de nuestros seres queridos, el encuentro con aquellos hacia los que sentimos aversión, la incapacidad para obtener lo que deseamos, y el dolor de perder lo que tenemos.

Como dice Nagarjuna:

Cuando hay nacimiento, hay aflicción, enfermedad y
  envejecimiento,
privación, muerte, miedo y así sucesivamente.
El extremadamente grande cúmulo de estos sufrimientos aparecerá.[7]

Ese décimo segundo eslabón es seguido de la ignorancia, en el primer [eslabón] del nuevo ciclo. De esta forma, la rueda continúa girando, al menos que la sabiduría que reconoce la verdadera naturaleza de la realidad sobrevenga.

Como notamos anteriormente, además de la secuencia de los doce eslabones que puede ocurrir a lo largo de una serie de vidas, el proceso también puede operar en el curso de una sola vida o dentro de un periodo más corto de tiempo. En este sentido, hay tanto ciclos de largo plazo a lo largo de varias vidas, como ciclos más pequeños ocurriendo dentro de los ciclos más largos del origen dependiente.

De este modo, sin saberlo, traemos a nuestra experiencia presente la ignorancia y las formaciones kármicas del pasado. Cuando experimentamos ciertos objetos, sentimientos de placer o desagrado surgen, los cuales se endurecen en un tipo de deseo que finalmente se convierte en dependencia. Nos involucramos profundamente con ese objeto; estamos muy involucrados en experimentarlo hasta que nos domina completamente.

Nos obsesionamos con el objeto y toda nuestra identidad se ve moldeada por él. Después, por supuesto, la experiencia se disuelve y buscamos otra experiencia, otro objeto, la cual moldeará nuestra identidad en el futuro.

Todo esto significa que ninguna experiencia que tenemos puede ser libre o incondicionada hasta que hayamos erradicado los doce eslabones, ya que no importa a donde vayamos o en donde intentemos escondernos, llevamos con nosotros ese legado kármico, ese ímpetu del pasado, todas y cada una de nuestras experiencias frescas. Por lo que no podemos relacionarnos con ninguna experiencia de una forma no distorsionada, hasta que esta rueda sea detenida. Como vimos en el Capítulo I, esto solo puede ocurrir mediante el desarrollo de la sabiduría y la erradicación de la ignorancia.

Uno podría decir que esta explicación del origen dependiente en la forma como se relaciona con los 'fenómenos internos' es, en realidad, una extensión de la segunda Verdad Noble, la causa del sufrimiento. En este proceso, un eslabón lleva al surgimiento del siguiente, y éste al que sigue. Al menos que hagamos una pausa deliberadamente, no habrá un espacio o un hueco entre los eslabones, y un eslabón hace surgir al otro y así sucesivamente sin fin.

Al examinar el origen dependiente de los 'fenómenos externos' podemos desarrollar cierta inteligencia sobre cómo el mundo físico funciona. Asimismo, al reconocer el proceso del desarrollo encarnado en estos doce eslabones, podemos empezar a desarrollar la inteligencia sobre la manera en que nuestras vidas pasadas han definido esta vida y cómo esta vida moldeará nuestras vidas futuras.

Esta explicación del origen dependiente de fenómenos internos y externos puede llevarnos a asumir que la realidad comprende dos categorías separadas de lo físico y lo mental, cada uno con sus propios tipos de origen dependiente, como lo hacen pensadores de los sistemas de pensamiento de budismo Vaibhashika y Sautrantika. No obstante, cuando veamos la presentación del origen dependiente del Mahayana en los próximos dos capítulos, cualquier imagen dualista se disolverá y veremos que lo físico y lo mental no están separados como podemos imaginarlo.

Capítulo 4
La perspectiva de Chittamatra

El sistema Chittamatra es una escuela filosófica del budismo que se desarrolló en el siglo IV e.c. en India con Asanga y Vasabandhu, con base en los sutras del tercer giro de la rueda del darma que enseñó Buda. La palabra sánscrita 'Chittamatra' describe su visión filosófica central: Solo-mente, lo cual refleja la afirmación que hizo Buda en el *Sutra Dasabhumika*:

> Los tres reinos son solo mente, hijos de los conquistadores.[8]

Las enseñanzas directas del bodhisattva Maitreya tuvieron una gran influencia sobre este sistema, particularmente textos como el *Madhyantavibhaga*, en donde explica la enseñanza de las 'tres naturalezas': la 'imaginaria', la 'dependiente' y la 'establecida completamente'. El análisis de Maitreya sobre la percepción y la experiencia revela cómo construimos el mundo de diferentes formas de acuerdo con la actividad conceptual o 'imaginación falsa'. Al respecto, nuestra forma de ver el mundo actualmente que incluye entidades y objetos con verdadera e intrínseca existencia, no es más que mera conceptualización ilusoria que proyecta sus errores al mundo de nuestra experiencia y, por tanto, crea una estructura ficticia a través de la cual malinterpretamos la realidad.

Dado que este mundo de 'verdaderas entidades' y 'verdaderos objetos' es completamente irreal y no existente, es conocido como la 'naturaleza imaginaria'. Esta percepción ilusoria descansa en la mente misma, en la medida en que los objetos y los sujetos imaginados son solamente sus proyecciones; es decir, la actividad de su 'imaginación falsa'. Sin embargo, en el sistema Chittamatra, la verdadera naturaleza de esas proyecciones se denomina la 'naturaleza dependiente', lo cual nos indica que tanto el sujeto como el objeto son dependientes mutuamente y descansan en la mente, - de ahí la expresión 'Solo-mente'.

De acuerdo con el sistema Chittamatra, la mente existe verdaderamente a diferencia de sus proyecciones, la cuales, como notamos antes, son solamente entidades imaginadas que conforman la 'naturaleza imaginaria'. Si bien la mente existe en la medida en que sin ella no habría nada, está vacía en el sentido que carece de la dualidad de sujeto y objeto. A este tipo de vacuidad se le denomina la tercera naturaleza –'la naturaleza establecida completamente'- porque es absolutamente real.

Como dice Maitreya:

> Esto también es lo imaginario, tanto lo dependiente
> Como lo verdaderamente establecido.
> Estos se enseñan con referencia a objetos,
> La imaginación falsa, y la ausencia de los dos.[9]

Como todos los fenómenos no son más que mente, entonces tanto el sufrimiento del samsara como la dicha del nirvana, no tiene otro origen que la mente misma. Para explicar cómo estos fenómenos se originan dependientemente de la mente, los pensadores Chittamatra delinearon ocho grupos de conciencia, los cuales comprenden: (i) la conciencia general, la base para el surgimiento de las conciencias de los sentidos; y (ii) la conciencia egóica (sánscrito: *manas*), agregando de esta forma (*manas* y la conciencia general) a la representación habitual de las seis conciencias.

Como dice el Karmapa Rangjung Dorje:

> Todo el samsara y el nirvana son solo mente.
> Las seis conciencias, *manas* y la conciencia general
> Se explican como sus causas y condiciones originadas
>   dependientemente.[10]

Como no hay nada externo a la mente, todo el ciclo (uno podría decir la 'historia') del samsara, como se describe en los doces eslabones del origen dependiente, tiene lugar en la 'imaginación falsa', la cual es sólo la actividad de la mente. Mientras la 'manas' (la conciencia obscura y egóica) se aferre a la conciencia general como 'yo' y se apropie de las apariencias que surgen a través de los seis sentidos como sus objetos, las emociones perturbadoras, el karma y el sufrimiento seguirán.

La enseñanza Chittamatra de que no hay nada verdaderamente existente fuera de la mente puede ser entendida a través de la razón y analogías. Por ejemplo, uno puede establecer que todos los objetos perceptibles dependen de la conciencia que los percibe, y que no hay nada 'allá afuera' que pueda ser percibido 'tal cual es' usando la analogía del vaso de agua que se aparece de maneras diferentes a seres en diferentes reinos. En este sentido, para un humano con buena salud aparece la manifestación de agua, pero para los dioses es la manifestación de néctar, para un ser infernal, es la manifestación de las apariciones de las armas del infierno; mientras que un pez ve el agua como su hogar, y un humano con ictericia lo ve amarillo, un ser humano con rabia lo ve como veneno, y así sucesivamente. Cada uno de estos objetos de percepción son apariciones que surgen solo en dependencia de otros; no poseen más realidad que esa. Por cierto, la analogía no indica que las huellas tengan una forma de operar común a los seres de los diferentes reinos, como tampoco existe un objeto común oculto que ha sido simplemente malinterpretado por el agente perceptor. Por tanto, finalmente, sería más correcto decir: 'los seres infernales ven armas' y 'los seres humanos ven agua'.

Esto no quiere decir que la mente que percibe esté malinterpretando un objeto real que está ahí afuera en algún lugar. Siguiendo con el ejemplo de arriba, no hay un vaso de agua que exista realmente y que pueda ser percibido 'como es verdaderamente'. A pesar de que los objetos aparecen vívidos, claros y sin obstrucción a la conciencia que los percibe, los objetos no son otra cosa que la mente misma. La conciencia perceptora es en sí misma también un fenómeno dependiente, ya que si no hubiera un objeto externo existente al que se refiere en esta experiencia, no habría un sujeto existente percibiéndolo tampoco: no puede haber un sujeto sin un objeto. Como el objeto es dependiente, también debe serlo el sujeto, y de esta manera se evita el error de solipsismo; es decir, el error de pensar que 'todo es solo yo', que todo es *mi* mente, y que 'yo' (a diferencia de todos los demás) veo las cosas válidas.

Si hubiera objetos externos verdaderamente existentes y un perceptor interno verdaderamente existente, el contacto entre ellos no sería posible, ya que, si los dos existieran en su propio y separado espacio (como lo hacen necesariamente las entidades que existen verdaderamente) nunca se encontrarían. Por consiguiente, no podría surgir la percepción en ese caso.

También se podría entender esto considerando ejemplos como sueños. En la noche uno se va a dormir y empiezan a surgir imágenes vívidas, que tomamos como entidades verdaderamente existentes externas a nosotros y, por tanto, reaccionamos a ellas con un sentimiento de placer o desagrado – en otras palabras, con deseo. En el sueño, varias acciones parecen ocurrir en dependencia de esos objetos aparentemente existentes. Pero cuando nos despertamos, nos damos cuenta de que esos objetos y acciones nunca existieron en realidad: todo esto fue solo actividad de la mente que se originó dependientemente.

Tanto los objetos que aparecen en el sueño como el sentido del 'yo' que percibe esos objetos, son solo mente. De hecho, no podemos siquiera identificar la diferencia esencial entre la experiencia que tenemos hoy mientras estamos despiertos y esa experiencia en sueños. Cualquier sueño en particular que ocurra no depende de objetos externos y un agente interno que perciba, sino que surge de la maduración de huellas. De la misma forma, los eventos de esta vida, que se disfrazan de objetos físicos y perceptores internos, también son simplemente la maduración de las huellas kármicas en el continuo mental. La única diferencia se relaciona con la fuerza de las huellas kármicas: las huellas que producen apariciones durante el día normalmente son más fuertes que aquellas que originan las experiencias del sueño.

Por tanto, la respuesta a la pregunta sobre cómo interactúa la mente con el mundo físico – la pregunta sobre cómo los 'fenómenos internos' que se originaron dependientemente se relacionan /conectan con los 'fenómenos externos' que se originaron dependientemente – es de hecho, que no existen fenómenos externos separados de los internos. Los dos son, de acuerdo con el sistema de Solo-mente, simplemente la mente, y la variedad de apariciones que surgen son la maduración de huellas dentro la mente.

Capítulo 5
La perspectiva Madhyamaka

El sistema de postulados [filosóficos] de Madhyamaka fue elaborado por Nagarjuna y Aryadeva en los siglos I y II de la era común, sobre la base de los sutras que enseñó Buda en el segundo giro a la rueda [del darma]. Este sistema se extendió después con maestros como Bhavya, Chandrakirti, Shantideva y Shantarakshita, entre los siglos VI y VIII. La palabra sánscrita 'madhyamaka' significa 'camino medio' y estos dos términos se usan intercambiablemente para referirnos a este sistema.

De acuerdo con la visión de los maestros de Madhyamaka, las presentaciones del origen dependiente de los vaibáshikas, los sautrántikas y los de chittamatra (expositores de la corriente de 'Solo mente') son un tanto deficientes, debido a que consideran que esos otros sistemas todavía tienden a afirmar [la existencia de fenómenos] con cierta naturaleza intrínseca sutil (ya sea momentos mentales o partículas irreducibles verdaderamente existentes). Los expositores de Madhyamaka, en contraste, sostienen que todo lo que se originó de manera dependiente debe estar vacío de naturaleza intrínseca debido a que, si una entidad tuviera naturaleza intrínseca o verdadera existencia, su existencia no dependería de absolutamente nada; es decir, existiría por sí misma.

Puesto de una manera simple, la perspectiva de Madhyamaka es que, al sostener el punto de vista de una existencia sutil, todos estos sistemas no representan la visión del Camino medio que transciende todas las posiciones conceptuales sobre la realidad. En contraste, de acuerdo con la perspectiva auténtica del Camino medio, el origen dependiente y la vacuidad son entendidos como una sola realidad y, por consiguiente, trasciende todos los puntos de vista de la existencia y la no-existencia, [del] eternalismo y el anhilacionismo.

La refutación de Madhyamaka de Vaibáshika y Sautántrika

Hay algunas diferencias muy sutiles entre los sistemas Vaibáshika y Sautántrika que están fuera del tema del presente trabajo. No obstante, para fines de este resumen, tiene sentido tratarlas juntas como representativas del punto de vista del camino de los shravakas. También puede ser útil presentar la crítica de Madhyamaka a ese punto de vista en la forma de un diálogo en el que Madhyamaka utilizará el llamado 'argumento por consecuencia' (sánscrito: *prasanga*) para evidenciar la contradicción que existe en los puntos de vista de su oponente. Esta forma de diálogo daba muy buenos resultados cuando se utlizaba en muchos de los trabajos y comentarios filosóficos antiguos indios y subsecuentemente tibetanos.

Al iniciar el diálogo, el shravaka establece que los fenómenos transitorios, ya sea partículas de materia o instantes de conciencia, existen verdaderamente.

Madhyamika: Afirmas que fenómenos momentáneos existen verdaderamente. Si esto es así, ¿cómo se originan estos átomos o mentes existentes momentáneos?

Shravaka: ¡se originan, por supuesto, mediante el origen dependiente!

Madhyamika: ¿Estás seguro de que creer en eso? Pero ¿no es tu posición que un momento hay partículas que se manifiestan que luego cesan, después del cual otro conjunto de partículas aparece, duran momentáneamente, y después de igual forma desaparecen, y después otro conjunto más de partículas aparece, dura y cesa?

Shravaka: Sí, eso es lo que pensamos.

Madhyamika: Entonces, ¿estás diciendo que la partícula A existe ahora, luego cesa, y después la partícula B aparece?

Shravaka: Sí, esa es una descripción certera de nuestra posición.

Madhyamika: Pero, ¿cómo puede ser que la partícula B se origine dependientemente de la partícula A?

Shravaka: ¿Qué quieres decir?

MADHYAMIKA: Tu respuesta no tiene ningún sentido. Mira con atención y hazte la siguiente pregunta: ¿la partícula A ha dejado de existir en el
momento en que la partícula B aparece?, ¿o sigue
existiendo?

El shravaka se queda en silencio en este punto y ahora
ve el problema de su argumento. Si estuviera afirmando
que la partícula A sigue existiendo en el momento en
que la partícula B aparece, estaría afirmando, de hecho,
que la causa (partícula A) y el efecto (partícula B) existen
al mismo tiempo, lo cual no es posible. Si hiciera esta
afirmación, sería lo mismo que decir que la semilla y su
brote existen al mismo tiempo. En este momento, en
respuesta a la pregunta de Madhyamika, el shravaka in-
tenta una línea final de su argumento.

SHRAVAKA: La partícula B aparece después de que la
partícula A ha dejado de existir.

MADHYAMIKA: la consecuencia de tu afirmación es
que la partícula B surgiría de la nada ya que habría una brecha -un espacio- que se dejaría inme-
diatamente después de la cesación de la partícula
A. En este caso no habría ninguna conexión entre
la partícula B y la A; entonces, ¿cómo puedes decir que la partícula B es el fruto de la partícula A?

Shravaka no tiene forma de explicar cómo pueden originarse sus postuladas entidades intrínsecamente existentes. El mismo problema existe con su explicación de
los fenómenos internos; es decir, de la mente misma.
De acuerdo con los sistemas Vaibáshika y Sautántrika
la conciencia no es un 'yo' inmutable, sino que consta

de momentos de conciencia verdaderamente existentes. Cuando afirman que algo existe verdaderamente significa que debe existir separado de otros fenómenos. Sin embargo, esta afirmación tiene las mismas contradicciones que sus afirmaciones sobre el mundo físico.

Para los vaibáshikas y sautántrikas, un momento de conciencia surge, dura por un instante y después cesa; para después ser sucedido por el siguiente -completamente distinto- momento de conciencia. Una vez más, los vaibáshikas y sautántrikas no pueden defender exitosamente esta forma de originarse, ya que, al hacerlo, están afirmando, de hecho, que el segundo momento de conciencia debió haberse originado sin causa porque debe haber un espacio entre un momento de conciencia y el siguiente, completamente distinto. En tal caso, no habría continuidad de conciencia, ni una relación causal entre los dos momentos de conciencia porque estarían completamente desconectados.

No obstante, si para poder superar el problema afirman que no existe tal espacio entre los dos momentos de conciencia, esos dos momentos deberían ocupar el mismo momento en el tiempo. En tal caso, el primer momento de conciencia, que es la causa, y el momento de conciencia subsiguiente, que es el fruto, tendrían que existir los dos al mismo tiempo. El problema con este argumento es que la causa y el fruto no pueden existir simultáneamente, de la misma forma en que una semilla y su fruta no pueden existir al mismo tiempo.

El punto de vista de Madhyamaka es, por tanto, que los fenómenos surgen claramente, pero se originan dependientemente y carecen de naturaleza intrínseca. Por ejemplo, brotes de centeno surgen de semillas de centeno con otras condiciones presentes apropiadas como agua, tierra y luz del sol. En este caso, la causa (semilla de centeno) y el fruto (brote de centeno) son idénticos, - lo serían si existieran en el mismo momento-, pero tampoco son radicalmente distintos, en momentos separados. De hecho, si una entidad que existe intrínsecamente pudiera ser la causa de otra entidad completamente diferente, semillas de arroz podrían ser entonces la causa de brotes de centeno.

Asimismo, como vimos anteriormente, si examinamos el proceso del origen dependiente en acción en el renacimiento, podemos ver que mientras el aspecto físico del cuarto eslabón 'nombre y forma' se deriva de los elementos físicos constituidos por los elementos masculino y femenino de los padres, el aspecto de la mente se deriva del vínculo con la conciencia que es el tercero de los doce eslabones. De esta forma, el 'resultado' de la conciencia del recién concebido ser -no es idéntico, pero tampoco diferente a su 'causa', el eslabón de la conciencia. Así, causa y efecto no son de naturaleza totalmente distinta, ya que, si este fuera el caso, cualquier cosa podría surgir al azar de la nada.

Como dice Chandrakirti:

> Si otro es producido de otro,
> entonces aun de llamas podría venir obscuridad.
> De cualquier causa, podría surgir una fruta,
> Pero toda causa y el fruto son similares.
> Aquello que puede ser producido se denomina 'fruta'.
> Aquello que puede producir eso, aunque sea diferente,
> Es denominado 'causa'.
> La causa y la fruta pertenecen al mismo continuum.[11]

Por tanto, siempre hay una conexión dependiente entre causas y efectos como lo ha expresado Buda en la frase: 'Existiendo esto, aquello surge'.

Entonces el mundo funciona a través del origen dependiente; pero, como hemos visto, la descripción Shravaka del origen dependiente es incompatible con la realidad misma, ya que aún afirma la existencia de entidades, las cuales, en el último análisis, no existen.

No podemos encontrar ninguna entidad verdaderamente existente en el mundo. Si hubiera alguna, entonces el mundo cesaría de existir, porque no podría haber cambio, ni desarrollo, ni crecimiento, ni interacción. Es precisamente este cambio, desarrollo, crecimiento e interacción que caracterizan al mundo. Tan radical es esta enseñanza que podríamos, a cierto nivel, temer perder el mundo si nos damos cuenta de que no es lo que nos imaginamos que es. De hecho, no deberíamos temer que, si las cosas estuvieran vacías, no habría mundo, porque, contrariamente a lo que podríamos asumir equivocadamente, solo la vacuidad hace posible el mundo. Esto es debido a que la 'vacuidad' es tan solo otra palabra para referirnos al origen dependiente, a través del cual todos los fenómenos que denominamos 'el mundo' aparecen.

Como explica Chandrakirti:

Aunque todas las cosas están vacías,
De causas y condiciones vacías claramente surgen.
Como carecen de naturaleza intrínseca en ninguna de
  las dos verdades
No son ni permanentes, ni están sujetas a aniquilación.[12]

Al afirmar o pensar equivocadamente que los fenómenos poseen naturaleza intrínseca, proyectamos al mundo la noción de que hay fronteras sólidas separando a una cosa de la otra. Sin embargo, si existieran esas fronteras definidas tanto en tiempo como en espacio, nada podría aparecer nunca, porque las cosas estarían surgiendo de la nada, lo cual es, por supuesto, imposible. A pesar de que el punto de vista shravaka es más sutil que cualquier punto de vista no budista, en la medida en que acepta la no-existencia del 'yo' atribuido al individuo, su profundidad se encuentra limitada al intentar conservar la idea de [la existencia] de fronteras definidas entre los fenómenos.

De hecho, mientras no tomemos esto como representativo de la verdad última, la forma shravaka de hablar de la causación es muy útil para comprender cómo funciona el mundo. Sin ser una perspectiva completa, ya que toma a los fenómenos momentáneos designados como 'causa' y 'efecto' como verdaderamente existentes (lo cual, según la perspectiva de Madhyamaka, no es la visión última), puede, de cualquier forma proveer de una base lógica para tomarnos en serio nuestras acciones y sus resultados, sin caer en la trampa de la completamente equivocada de la verdadera existencia de 'yoes' (o un Dios creador) que ha sido postulada en el pensamiento eternalista que también enfatiza el comportamiento moral.

La refutación Madhyamaka de Chittamatra

Un método similar de razonamiento puede utilizarse para refutar la posición de Chittamatra. A diferencia de los shravakas que afirman que hay momentos verdaderamente existentes, la visión no dual de la escuela Chittamatra permite reducir el número de fenómenos que se pueden afirmar como verdaderamente existentes, pero aún afirma que un fenómeno sí tiene verdadera existencia, la mente misma. Para los seguidores de Chittamatra, la mente que existe verdaderamente, -la base de todo- es un continuo formado de momentos irreducibles de conciencia y, por tanto, son verdaderamente existentes.

Como consecuencia, la posición Chittamatra no puede soportar el análisis de Madhyamaka que se utilizó anteriormente para deconstruir la teoría shravaka sobre el continuo mental. Al respecto, Chittamatra tiene el mismo problema que los shravakas al explicar el origen de cada momento de mente en este continuo; es decir, la mente del momento subsiguiente no puede existir al mismo tiempo que la mente del momento precedente, y tampoco puede surgir de un espacio que habría si cada momento fuera un momento mental separado, autosuficiente y con existencia propia. Por lo tanto, ante la ausencia de un recuento coherente sobre el posible origen de tal mente, es necesario abandonar cualquier afirmación de que hay una mente verdaderamente existente, aunque temporal.

Por tanto, aún la mente no dual pero ultimadamente verdadera propuesta por Chittamatra no puede encontrarse en ningún lado. Con ese entendimiento, no hay ningún fenómeno al que se le pueda atribuir la etiqueta de 'verdaderamente existente', ya sea los ocho grupos de conciencia de Chittamatra, los cinco agregados de los shravakas, or el 'yo' individual de los no budistas.

Como afirmó Chandrakirti:

Las enseñanzas que hablan de 'que la conciencia base existe',
que 'el individuo existe' y que los 'cinco agregados existen'
son para aquellos que no entienden
el significado más profundo.[13]

Estableciendo la compresión correcta del origen dependiente

A pesar de la superioridad de la perspectiva de Madhyamaka con respecto a la verdad última de las cosas, el enfoque de Chittamatra es muy útil para establecer la verdad convencional, ya que ofrece una descripción muy sutil sobre la forma en que fenómenos particulares del mundo surgen para nosotros debido a la maduración de huellas kármicas en la conciencia base.

Si utilizamos estas instrucciones de Chittamatra podemos tener certeza sobre cómo todo surge en dependencia de la mente. Una vez que tenemos esa certeza, debemos entonces seguir Madhyamaka para analizar a la mente misma: ¿Es un fenómeno verdaderamente existente que posee naturaleza intrínseca? o ¿Esta experiencia en sí misma se originó dependientemente también?

Cuando consideramos la variedad de fenómenos que aparecen, nos damos cuenta de que estos surgen debido a la reunión de causas y condiciones particulares; y que no aparecen espontáneamente. Más específicamente, las causas y condiciones de los fenómenos que surgen son las huellas kármicas. Cuando las huellas apropiadas maduran, se manifiestan fenómenos particulares; cuando esas huellas no están presentes, no se manifestarán.

Sin embargo, ese no sería el caso si la mente tuviera naturaleza intrínseca debido a que la mente determinaría entonces por sí misma los fenómenos que surgen sin referencia a condición alguna. Asimismo, el surgimiento de esos fenómenos siempre se ajustaría a la naturaleza intrínseca de la mente. Por ejemplo, si uno toma un objeto hecho de un material azul, cualquier parte que se corte o rompa solo puede ser azul, debido a lo azulado del objeto original. De igual forma, si la mente tuviera un tipo específico de naturaleza intrínseca, entonces todo se conformaría a ella, así como los objetos que derivan del objeto azul poseen 'esencia azulada'.

Por tanto, la mente no tiene naturaleza intrínseca y simplemente refleja cualquier causa y condición que estén presentes en el momento. Lo que concebimos como 'fenómenos de la mente' son meramente fenómenos que surgen dependientemente a través de la reunión de causas y condiciones particulares.

Uno puede considerar esto usando el ejemplo de un mago que crea ilusiones. A través de la combinación de su habilidad, sus asistentes y sus accesorios, el mago logra que su público admire portentos especiales, cuando en realidad estas apariencias no tienen naturaleza intrínseca alguna; solo se manifiestan a través de la reunión de causas y condiciones. Asimismo, cualquier cosa que veamos o experimentemos surge mediante la unión de causas kármicas particulares y las condiciones apropiadas.

También podemos considerar el ejemplo del reflejo de la luna en un charco de agua. Percibimos la clara aparición de la luna en el agua, pero esto solo es posible gracias a la unión de las condiciones apropiadas; es decir, el satélite de la tierra, el cielo despejado, un charco de agua en el piso y el paso de un sujeto que los percibe. De la interacción de estas condiciones, la clara y distintiva aparición de la luna se manifiesta en el agua, pero es solo un reflejo carente de naturaleza intrínseca. El reflejo es un fenómeno que se originó dependientemente, que no tiene naturaleza intrínseca alguna. Pero al mismo tiempo, no es tampoco meramente la nada, hay una aparición clara. Esa es justamente la característica de los fenómenos que surgen dependientemente: aparecen claramente sin naturaleza intrínseca. No podemos abstraer el reflejo de la luna del agua, porque no tiene una existencia separada. De hecho, la manifestación de todos los fenómenos es como el reflejo de la luna en el agua: aparecen, pero solo a través de la interacción de causas y condiciones. Por lo que no hay necesidad de aferrarse a la idea de una mente verdaderamente existente como el creador. La mente está, en sí misma, vacía de naturaleza intrínseca.

Hay muchos otros ejemplos que podríamos utilizar para darnos cuenta de cómo todos los fenómenos surgen simplemente como ilusiones: espejismos, nubes, relámpagos, los palacios imaginarios que uno ve en las formaciones de nubes, arcoíris, o ilusiones ópticas sobre cuerpos de agua. Todas estas cosas aparecen claramente, pero sin naturaleza intrínseca, porque solo se manifiestan a través del origen dependiente.

En este punto podríamos objetar que mientras aceptamos el hecho de que apariciones tales como el reflejo de la luna en el agua o el arcoíris son claramente ilusorias, las circunstancias que los crean (tales como la luz del sol y la lluvia en el cielo) son, de hecho, fenómenos reales y, por tanto, podríamos creer que la ilusión se produce a través de causas y condiciones reales. Creer esto sería malentender el origen dependiente porque estaríamos aferrándonos a esas causas y condiciones mismas como substancialmente existentes.

Para evitar este error, debemos mirar con cuidado el proceso del origen y la naturaleza de las causas y sus resultados. Podemos considerar otro ejemplo, el de una vela encendida. Podríamos decir que con esta vela podemos encender una segunda vela, y que, por tanto, la primera vela es la causa de la segunda. Pero, en el caso de la luz de la vela, si uno dijera que la luz de la primera vela ha cesado, y ahora se enciende una segunda vela, entonces no habría nada de la cual podría surgir la segunda. No puede ser el caso que la luz de la primera vela ha cesado de existir, y tampoco pudo convertirse en la luz de la segunda vela; tampoco existen en el mismo espacio, como la causa y el efecto tampoco pueden existir en el mismo momento.

Por lo tanto, a pesar de que es relativamente cierto decir que los resultados surgen dependiendo de causas, en este proceso no podemos aislar ultimadamente tales entidades como 'causa' y 'efecto'. Nunca hay causas verdaderamente existentes que den origen a efectos verdaderamente existentes. Por supuesto que para comunicarnos y ser efectivos en el mundo usamos lenguaje convencionalmente válido como el decir 'esto es la causa de eso'; pero cuando realmente examinamos con detalle el proceso del origen, vemos que las causas y sus resultados son meramente imputaciones. Se originaron dependientemente y, por tanto, son fenómenos vacíos, ya que un resultado solo puede ser designado como tal dependiendo de una 'causa'. Pero, como hemos visto, los dos no pueden existir simultáneamente y tampoco podemos establecer verdaderamente algo como 'resultado' en la ausencia de una 'causa'. En ningún lado, entonces hay entidades que existen con naturaleza intrínseca, lo cual es cierto también para las causas y condiciones de las que se originan fenómenos aparentes y para los resultados aparentes que surgen de esas aparentes causas y condiciones.

El origen dependiente y la compasión

Podríamos preguntarnos si este razonamiento altamente filosófico se relaciona con el desarrollo de la compasión. Es claro que lo que obstruye actualmente el desarrollo de la compasión es nuestro aferramiento a la noción de 'yo' – la noción que ahora erróneamente pensamos puede darnos un sentido de seguridad y solidez, pero que resulta solo en sufrimiento. Nuestro apego equivocado al 'yo' nos incita a percibir al mundo como si hubiera un abismo que nos separa de todos los demás seres, a quienes imaginamos que también existen separados en sus propios espacios cerrados. Entre más nos damos cuenta de que nosotros y los demás, de hecho, todo el mundo son fenómenos que se originan dependientemente y no poseemos tal naturaleza intrínseca o un yo permanente, singular y autónomo, hay más espacio para que la compasión surja.

Si podemos desarrollar cierta comprensión de cómo se ha manifestado en nuestras vidas el origen dependiente nos ayudará a disolver la rigidez de nuestro sentido de 'yo'. De hecho, la clave para desarrollar amor hacia los demás no es otra cosa que el darnos cuenta de nuestra dependencia de los demás – una dependencia que es incompatible con la forma en como vemos actualmente a nuestro 'yo' – y después desarrollar gratitud hacia ellos. Al respecto, con frecuencia es muy útil empezar con el reconocimiento de nuestra gratitud hacia nuestros padres.

Después podemos extender gradualmente ese sentido de gratitud hacia afuera hasta que nos demos cuenta de cómo hemos dependido de la bondad de todos los seres sintientes. Al meditar así, nos apoyamos en el reconocimiento de la interdependencia para desarrollar una respuesta de bondad amorosa y compasión hacia los demás.

Si consideráramos la historia de nuestra vida, concluiríamos que, en innumerables formas, nuestra vida es un fenómeno originado dependientemente. Por ejemplo, el momento de concepción es la unión de la conciencia del bardo con los elementos masculino y femenino prestados por nuestros padres. Nuestro primer momento de existencia en esta vida depende completamente de los demás y seguirá así en los próximos nueve meses, después durante la niñez, y así sucesivamente. Por tanto, hasta ahora, nuestra existencia ha dependido siempre de la bondad de los demás.

Con el tiempo, en la medida en que este sentido de interdependencia y gratitud hacia los demás crece, surge en nosotros una fuerte aspiración de que sean felices y posean las causas de la felicidad y, de la misma forma, estén libres del sufrimiento y de sus causas. Esta aspiración dual no es otra cosa que el amor y la compasión que actúan como el catalizador de la aspiración más noble de todas, bodhichitta, el deseo convertirnos en un buda para el beneficio de los demás. Entonces, nuestra entrada a y nuestra práctica del Mahayana mismo surgen en dependencia de nuestro sentido de conexión con los demás.

Capítulo 6
El origen dependiente en Vajrayana

Vajrayana es el camino revelado en las enseñanzas conocidas como tantras. El término 'tantra' indica una comprensión especial que sustenta este sistema.

Como dice Lopon Sonam Tsemo:

> 'Tantra' significa el continuo de la mente no dual, que
> existe en un continuo ininterrumpido desde el tiempo
> sin principio hasta la budeidad.[14]

Este continuo es la mente no dual luminosa y vacía,
presente en las tres fases del camino espiritual: la 'base'
(nuestro estado actual como seres sintientes ordinarios),
el 'camino' mismo (como surge en aquellos con experiencias yóguicas) y el 'fruto' (el estado resultante que
experimentan los budas). Con respecto a esto, es posible
que uno no vea la conexión entre estos tres estados y
pueda imaginar que su naturaleza es radicalmente di-

ferente a la de los budas y bodhisattvas. Pero esa visión es equivocada porque, como enseñan los tantras, no hay una diferencia fundamental entre la naturaleza de la mente de un ser sintiente y la de un buda, en la medida en que ambas son la unión de luminosidad y vacuidad. Por tanto, al comprenderlo así, lo que surge en el momento en que alcanzamos la budeidad, el momento del resultado, surge dependiendo de lo que ya está presente en las fases de la base y del camino.

Para poder entender esto mejor, consideremos el ejemplo del cobre, el cual puede utilizarse para crear cosas que no son muy atractivas tales como cuencos de agua para animales, o para hacer objetos hermosos y sagrados como estatuas; pero, no importa para qué se use, la naturaleza real del cobre nunca cambia. De la misma forma, al practicar el camino Vajrayana, no estamos creando una nueva entidad y nuevas cualidades que constituirán la budeidad, debido a que ya existen en nuestra mente, es decir, la naturaleza de la mente, igual que el cobre del ejemplo utilizado para crear diferentes objetos, nunca cambia. Lo único que distingue a un buda es que él o ella ha realizado su naturaleza, mientras que nosotros no lo hemos hecho.

De acuerdo con Virupa, el gran maestro del siglo VIII, el origen dependiente es la llave profunda que revela el significado de Vajrayana.

Como establece Konchog Lhundrup:

> El señor de los yoguis, Virupa, consideró que el origen dependiente era crucial en el camino Vajrayana.[15]

De hecho, como vimos en el capítulo anterior, tanto el samsara como el nirvana surgen del origen dependiente.

El samsara surge con base en los tres venenos del deseo, el odio y la ignorancia. En contraste, el nirvana surge en dependencia de la purificación producida con la práctica del camino. De acuerdo con el vajrayana, si uno entiende esto profundamente y posee los medios hábiles necesarios que constituyen la práctica del camino, hasta las emociones perturbadoras y la conceptualización pueden ser utilizadas en el camino. Sin embargo, si uno no lo sabe, las prácticas profundas del vajrayana, tales como la meditación en deidades o en la vacuidad solamente, se convertirán en obstáculos.

El camino mismo se establece mediante conexiones dependientes, y la raíz de estas conexiones se establece al recibir la iniciación. Cuando recibimos la iniciación se producen las conexiones dependientes necesarias entre las fases de la base y del fruto que permitirán la práctica del camino transformador. Por tanto, cuando una persona recibe una iniciación mayor en un mándala del tantra annutarayoga, sus agregados que representan la fase de la base se alinean con los cinco budas, que representan la fase del fruto.

Como dice Sakya Pandita:

La iniciación es el nombre que se le da a la técnica
para alcanzar la iluminación en esta vida,
una vez que las semillas de la budeidad
se sembraron en los agregados,
los elementos y los sentidos.[16]

Y:

Debido a que el mantra secreto usa el origen dependiente
como su camino,
sus instrucciones producen la alineación
de las conexiones dependientes.

Para que éstas maduren durante la iniciación,
busca a un maestro de un linaje ininterrumpido,
cuyos rituales carecen de confusión,
que sabe cómo ordenar
el origen dependiente interno y externo,
quien puede plantar las semillas de los cuerpos de los
    cuatro budas
y que actúa de acuerdo con las palabras de Buda.
De él debes recibir las cuatro iniciaciones.[17]

Aún en una iniciación menor, como la 'iniciación permiso', se establecen conexiones dependientes entre el cuerpo, la palabra y la mente de una persona que recibe la iniciación y el cuerpo, la palabra y la mente puros de la deidad de la iniciación en la que la persona se está iniciando. Cultivar esta conexión en la meditación, la cual representa la fase del camino, le permite a la persona obtener las cualidades del cuerpo, la palabra y la mente de la deidad.

Como mencionó Sakya Pandita, para que la iniciación tenga el poder de establecer esta conexión dependiente, la iniciación en sí misma debe también encarnar el proceso del origen dependiente; es decir, debe venir de un linaje de transmisión ininterrumpido. Si la línea de transmisión de la iniciación se ha roto, ya no tiene el poder de establecer estas conexiones dependientes y, por tanto, el intento de meditar no dará fruto.

Como establece Sonam Tsemo:

Como el continuo de instrucción es ininterrumpido, la concentración meditativa de la realización también es ininterrumpida.[18]

El origen dependiente también se encarna en la interdependencia de los fenómenos externos e internos, el cual es un principio básico al practicar el camino vajrayana. La mente y los fenómenos externos aparentes se relacionan entre sí mediante el cuerpo sutil que está formado de canales, sílabas, gotas y vientos. Así, las apariencias externas surgen en dependencia de los elementos dentro del cuerpo sutil, y estos elementos, a su vez, surgen en dependencia de la mente. De la misma forma, cualquier cosa que surja en el mundo exterior aparente afecta los *mándalas* del mundo sutil, los cuales, a su vez hacen que se produzcan diferentes experiencias en la mente.

En el proceso de la iniciación, por ejemplo, cuando el maestro usa objetos externos y lleva a cabo ciertas acciones, se producen cambios en los *mándalas* internos del cuerpo sutil del discípulo. Por esta razón, la iniciación debe realizarse de acuerdo con el templete provisto en el texto ritual derivado de los tantras auténticos; de no ser así, la relación de la conexión dependiente [entre el cuerpo, palabra y mente de la deidad y el cuerpo, palabra y mente del discípulo] no se establece. Después de la iniciación, practicar los métodos a los que fue introducido el receptor de la iniciación fortalecerá la conexión entre lo interno y lo externo que se estableció durante la iniciación.

Al implementar estos métodos, el practicante de vajrayana se enfoca en la interdependencia de los mundos internos y externos, y así se transformará su experiencia del mundo externo.

El siguiente cuento breve de la tradición sakya ilustra este punto. Una vez, un yogui estaba meditando en la etapa de culminación y al concluir su sesión, tenía mucha sed, por lo que fue al río a beber agua. Sin embargo, no podía encontrar el río en donde imaginó que estaría.

Caminó durante un tiempo, y cuando empezó a hacer mucho calor, puso su reboso en la rama de un árbol, regresó a su morada y se quedó dormido. Al despertar a la mañana siguiente, encontró, para su sorpresa, que el agua estaba allí, exactamente donde previamente había imaginado que estaba. Además, su reboso estaba colgado en el árbol, pero en el otro lado del río. Por consiguiente, tuvo que conseguir un bote para poder cruzarlo y tomar su reboso.

Al reflexionar sobre ello, el yogui se dio cuenta que los yogas de la etapa de culminación, en los que había estado meditando el día anterior habían cambiado temporalmente el balance de los elementos en su cuerpo, causando que se suprimiera el elemento de agua de su cuerpo. Como resultado, la apariencia de agua no surgió para él temporalmente en el mundo exterior aparente. No obstante, una vez que los elementos regresaron a su estado habitual, la apariencia de agua se hizo evidente de nuevo.[19]

Tales experiencias como la que tuvo el meditador en esta historia son propias de los meditadores que han practicado diligentemente por mucho tiempo durante muchos años, basándose en las instrucciones detalladas que recibieron de sus maestros vajrayana. Sin embargo, aun aquellas personas que están comenzando a practicar vajrayana pueden experimentar breves atisbos de la transformación de la percepción producida por las prácticas meditativas.

Capítulo 7
Patrones en la vacuidad

En la medida que vamos experimentando la naturaleza dependiente del mundo al tomar en serio las enseñanzas del origen dependiente, se desarrolla un sentido de ligereza y soltura. Empezamos a desarrollar un sentido de reconocimiento que nuestra existencia en el presente es parte de una continuidad, que es a la vez kármica -mediada por nuestros padres- humana y cultural.

Sin embargo la vacuidad – la realidad en la que el nacimiento y la muerte se disuelven – está al mismo tiempo presente de manera natural todo el tiempo en este flujo del origen dependiente al que llamamos 'vida'. Por tanto, el liberarnos de cualquier molestia que carguemos del pasado junto con sus tesoros, está siempre a nuestro alcance; pero, al mismo tiempo, no hay necesidad de resentimiento, ya que éste nos encarcela.

A pesar de que desde cierta perspectiva la totalidad del origen dependiente parece sugerir que todos estamos atrapados en las cadenas del karma, causa y efecto, el solo hecho de que cada uno de estos eslabones (o el origen dependiente) está vacío de toda solidez significa que en cualquier momento podemos liberarnos simplemente al darnos cuenta de esta vacuidad.

Por lo que tenemos una 'historia': el pasado está con nosotros -por un lado, nuestros errores y acciones negativas y, por el otro, nuestra experiencia e intuiciones. No obstante, ambos son meramente patrones en la vacuidad y no hay necesidad de sentir resentimiento por el pasado; debido a que la cadena de causación está vacía de naturaleza intrínseca, no puede aprisionarnos.

Trágicamente, hemos sido nuestros propios carceleros, gracias a la solidez ficticia que le imputamos tanto a nosotros mismos como a todo lo que encontramos en nuestro camino. Esta solidez no es real porque se fundamenta en la idea de que las cosas existen por sí mismas, aisladas y separadas de los demás. Es la misma confusión que nos produce que creamos que existimos en una burbuja autónoma. Pero la fragilidad de este sentido de 'yo' sin fundamento nos lleva ya sea a intentar contenerla sumergiéndonos en un tipo de entidad colectiva; es decir, un estado, una clase o un movimiento, o inventando identidades aún más sofisticadas para enmascarar nuestro vacío interno. De hecho, nos desconectamos tanto de la realidad que hemos despertado los demonios del odio, el faccionalismo para amenazar el dharma mismo[20], mientras intentamos ajustarlo a nuestras manías ideológicas.

Esta lucha constante por mantener esta fantasía de solidez es la raíz de todas nuestras emociones venenosas y nuestro sufrimiento. Nos hemos colocado en una situación de confrontación con la realidad y perderemos esta batalla una y otra vez. Por tanto, dejando ir nuestras preciadas ilusiones nos movemos más allá de los muros de la prisión de nuestro egoísmo a una vida más amplia en la que el mundo se experimenta tal cual es.

En el origen dependiente de todas las cosas descubrimos la alineación sutil de fenómenos externos e internos -alineación que podríamos llamar 'interdependencia auspiciosa'-, la cual es, en efecto, el mecanismo a través del cual cualquier actividad ritual y técnicas de adivinación funcionan.

Reconociendo nuestra naturaleza dependiente evoca un sentido tremendo de gratitud hacia todas aquellas personas de cuya bondad hemos dependido. Debido a que esa bondad en sí misma no tiene un principio, no puede haber un final a nuestra gratitud. El reconocimiento de esta inmensa bondad es la fuente de la que surgen los afectos vastos del amor y la compasión. Con el tiempo, estos afectos serán la fuerza motriz para alcanzar la iluminación para el beneficio de otros.

Por lo tanto, un sentido de origen dependiente impulsa el desarrollo de sabiduría y compasión. Todo es como debe ser, debido a que el origen dependiente de todos los fenómenos es la única realidad que une las dos verdades -última y convencional. La verdad última -la vacuidad más allá de toda elaboración- no es un absoluto más elevado, más allá de la verdad convencional. La vacuidad y el origen dependiente son dos términos de la misma esencia, por tanto, la realidad última en sí misma está presente en el mundo resplandeciente de las apariencias donde la vacuidad permea cada grano de arena.

Como dice en *Sutra del corazón de la perfección de la sabiduría*:

> La forma es vacuidad, la vacuidad es forma; forma no es otra cosa que la vacuidad, la vacuidad no es otra cosa que forma.[21]

Y como dice Mipham Rinpoche:

Todo lo que aparece está permeado de la vacuidad, y
todo lo que está vacío está permeado por apariencias. [22]

Reconocer el origen dependiente nos revela tanto la
unidad natural de las dos verdades, como el equilibrio
perfecto que existe de manera natural entre la continuidad y el cambio. Es en este sentido que el tiempo pasado
se incluye verdaderamente en el tiempo presente, y el
tiempo futuro se incluye en los dos. Ésta es la realidad
profunda que subyace la transmisión de los linajes del
dharma -una transmisión que no es otra cosa que el origen dependiente en acción.

De hecho, cuando uno examina las historias de las
grandes tradiciones de dharma, uno ve un equilibrio entre la continuidad y la innovación que refleja el proceso
del origen dependiente. Por tanto, las enseñanzas no se
modifican cuando son transmitidas del maestro al discípulo; sin embargo, siempre existe una posibilidad que
las enseñanzas sean presentadas de una manera fresca
que sea apropiada para las situaciones nuevas como van
surgiendo. Por ejemplo, Sakya Pandita era el sostenedor
del linaje Sakya de los tantras vajrayana de su maestro
Jetsun Dragpa Gyaltsen. Pero, a diferencia de su gurú,
practicó y enseñó el dharma en un entorno monástico.
De igual forma, uno puede notar la misma mezcla de
continuidad e innovación en el linaje kagyu temprano
cuando pasa de Milarepa a Gampopa. Es por esto por lo
que las bendiciones de Buda en la forma de sus enseñanzas nos han llegado hoy sin que su fuerza se haya visto
disminuida y es la razón por la que el dharma puede flo-
recer en Occidente.

Que las vidas de mis maestros, sostenedores inmaculados de las transmisiones sakya y kagyu, sean estables y sus enseñanzas pacifiquen los sufrimientos de todos los seres.

OM YE DHARMA HETU PRABHAVA HETUM TESHAM TATHA-GATO HYAVADAT TESHAM CHAYO NIRODHA EVAM VADI MAHA SHRAMANAH SVAHA[23]

¡Que todo sea auspicioso!

Lama Jampa Thaye
Londres
Día de los milagros
3 de marzo de 2018.

Apéndice
Nota sobre la estructura del darma

Los sistemas de práctica espiritual

Las enseñanzas de darma que Buda enseñó en el siglo V a.e.c. comprendió tres vehículos principales o sistemas de práctica:

1. El shravakayana ('el vehículo de los discípulos'), también conocido como hinayana ('vehículo menor') se distingue por su enfoque en la liberación del sufrimiento individual;

2. El mahayana ('el gran vehículo') es llamado así por su enfoque de alcanzar la budeidad para el beneficio de todos los seres; y

3. El vajrayana ('el vehículo indestructible') se le conoce como el mahayana extraordinario o no común; no obstante, es un vehículo espiritual distinto en la medida en que tiene métodos de practicar diferentes.

Las colecciones de escrituras

Todas estas enseñanzas que enseñó Buda fueron preservadas en su forma literaria en 'Las tres canastas' recolectadas después de su muerte. Este cuerpo literario comprende la colección de sutras ('discursos'), la cual trata principalmente el entrenamiento en la meditación; el abhidharma ('más darma') trata fundamentalmente el entrenamiento en la sabiduría, y el vinaya ('disciplina') trata principalmente el entrenamiento en la ética.

La primera de estas colecciones, la del Sutra, puede ser dividida en tres secciones, reflejando las distintas enseñanzas que dio Buda durante los periodos conocidos como 'Los tres giros a la rueda del darma'. Durante el primer 'giro a la rueda del darma´ presentó el shravakayana y, durante el segundo y el tercero presentó el mahayana.

Las enseñanzas de vajrayana fueron presentadas por Buda Vajradhara y fueron preservadas en las escrituras conocidas como 'tantras'. De acuerdo con la mayoría de los maestros, tanto indios como tibetanos, los tantras, a su vez, pueden ser agrupados en cuatro categorías: kriya, charya, yoga y anutarayoga. Puede considerarse que las escrituras tántricas representan una cuarta 'canasta' de las enseñanzas de Buda.

Los sistemas de postulados filosóficos

En los siglos después de la muerte de Buda, cuatro 'sistemas de postulados filosóficos' (sánscrito: siddhanta) aparecieron entre sus seguidores en India. Estos surgieron de la necesidad de sistematizar las visiones filosóficas presentadas dentro de la colección de escrituras y sistemas de práctica. El primero de estos sistemas de postulados filosóficos, Vaibhashika (´distincionistas´) y sautantrika ('seguidores del sutra') plantearon las enseñanzas características del shravakayana; mientras que los sistemas chitamattra ('solo mente') y maddyamaka ('camino medio') desarrollaron la visión del mahayana. Más tarde, todos los maestros tibetanos aceptaron esta clasificación de cuatro sistemas de postulados filosóficos, y aceptaron madhyamaka como el sistema supremo.

Notes

1   'Jam mgon Mi pham, *Gateway to Knowledge*, Vol. I (Rangjung Yeshe: Bodhanath, 1997), 51.

2   Nagarjuna, *Shes pa'i spring yig*, in Karma Thinley Rinpoche, The Telescope of Wisdom (Ganesha Press: Bristol, 2009) 118.

3   bSod nams Seng ge, *lTa ba'i shan 'byed theg mchog gnad gyi zla zer* (Sakya Students' Union: Varanasi, n.d.),67.

4   Ibid.

5   'jam mgon Mi pham, *op. cit.*, 57.

6   Id., 58.

7   Nagarjuna, op.cit., 112.

8   Tomado de 'jam mgon Ngag dbang Legs pa,

'khor 'das dbyer med gyi lta ba'i snying po bsdus pa skal bzang gi bdud rtsi (manuscrito escrito a mano, n.d.), 3.

9   Maitreya, *Middle Beyond Extremes* (Snow Lion: Ithaca, 2006), 30.

10 Karma pa Rang byung rDo rje, *rNam shes ye shes 'byed pa'i bstan bcos* in Karma Thinley Rinpoche, *The Lamp that Dispels Darkness* (Ganesha Press: Bristol, 2013), 142.

11 Chandrakirti, *Madhyamakavatara* (Khenpo Appey: Gangtok, 1979), 15.

12 Id.,20.

13 Id., 21.

14 bSod nams rTse mo, *rGyud sde spyi'I rnam par gzhag pa,* in Sa skya'i bka' 'bum, vol.3 (Ngawang Topgay: Nueva Dehli, 1992), 115.

15 dKon mchog Lhun grub, *rGyud gsum mdzes par 'byed pa'i rgyan* (Phende Rinpoche: Nueva Dehli, n.d.), 9.

16 Sa skya Pandita, *sDom gsum rab tu bye ba'i bstan bcos*, en Sa skya'i bka' 'bum, vol. 12 (Ngawang Topgay: Nueva Dehli, 1992), 35.

17 Id., 43.

18 bSod nams rTse mo, op. cit., 117.

19 Como se ha referido en varias fuentes del *Lam 'bras* tales como Ngag dbang Legs pa, op.cit., 4.

20 Ver: Lama Jampa Thaye, *Sabiduría en Exilio: Budismo en tiempos modernos* (Rabsel: Paris, 2020), capítulo 4: Política.

21 *Shes rab snying po'i mdo* en Wa na dpal sa skya'l zhal don phyogs bsdus (Central Institute of Tibetan Higher Studies: Venares, 2001), 164-168

22 'jam mgon Mi pham, *Nges shes rin po che'l sgron me* (Tashi Jong: Palampur, n.d.), 17A.

23 Este es el mantra del origen dependiente, y fue presentado como epítome de la enseñanza de Buda explicada por su discípulo Assaji cuando Shariputra le preguntó si podría resumir la enseñanza de su maestro. Traducido el mantra quiere decir: 'Con respecto a todos los fenómenos que surgen de una causa, el Tathagata (Buda) enseñó tanto su causa como su cesación.' El mantra puede usarse para estabilizar las bendiciones generadas en nuestra práctica de meditación, y de forma más general, se usa para invocar circunstancias auspiciosas, debido a que la unión de todas las causas y condiciones en el origen dependiente asegura que todo sea apropiado.

Este libro se terminó de imprimir
en enero de 2023 por Pulsio Print
N° de Edición : 4022
Depósito legal : enero 2023
Impreso en Bulgaria